Heimarbeit

Das Bautagebuch zum Verschenken und Selbstausfüllen

Die Hafenprinzessin

Dieses Buch gehört:

Neubau, Anbau, Umbau oder Renovierungsprojekt

Straße und Hausnummer:

Dieses Buch wurde geschenkt/überreicht von:

(Name/Stempel/Visitenkarte einkleben etc.)

Inhaltsverzeichnis

Impressum

© 2018 youneo projects flick und weber GbR

Alle Rechte vorbehalten. Die Benutzung dieses Buchs und der darin enthaltenen Informationen erfolgt ausdrücklich auf eigenes Risiko. Haftungsansprüche gegen den Verlag und den Autor für Schäden materieller oder ideeller Art, die durch die Nutzung oder Nichtnutzung der Informationen bzw. durch die Nutzung fehlerhafter und/oder unvollständiger Informationen verursacht wurden, sind grundsätzlich ausgeschlossen. Das Werk inklusive aller Inhalte wurde unter größter Sorgfalt erarbeitet. Der Verlag und der Autor übernehmen jedoch keine Gewähr für die Aktualität, Korrektheit, Vollständigkeit und Qualität der bereitgestellten Informationen, ebenso für etwaige Druckfehler.

Verantwortlich

Christian Flick / Mathias Weber

youneo projects flick und weber GbR, Poststraße 1, 49326 Melle

info@youneoprojects.de, www.youneoprojects.de

Herstellung und Verlag

BoD - Books on Demand, Norderstedt

Bildquellen

© Sergey Nivens/shutterstock (Cover), ddok/shutterstock, Happy Art/shutterstock, Lemberg Vector studio/shutterstock

Hafenprinzessin® ist eine eingetragene Marke der youneo projects flick und weber GbR.

ISBN: 9783748182849

Unser Baugrundstück

Fotos von Ihrem Grundstück

 # Unser Baugrundstück

Lageplan

Unser Eigenheim

Pläne vom Haus

(Grundrisse, Ansichten, Rendering)

Unser Eigenheim

Pläne vom Haus
(Grundrisse, Ansichten, Rendering)

 # Unser Eigenheim

Pläne vom Haus

(Grundrisse, Ansichten, Rendering)

Unser Eigenheim

Pläne vom Haus

(Grundrisse, Ansichten, Rendering)

 # Unser Eigenheim

Kurze Beschreibung (z.B. ein Haus nach EnEV, KFW55, KFW 50, KFW 40):

 # Unser Eigenheim

Kurze Beschreibung (z.B. ein Haus nach EnEV, KFW55, KFW 50, KFW 40):

Baugenehmigung

Kopie der Baugenehmigung

 # Baugenehmigung

Auflagen der Baubehörde:

Baubeginn erfolgte am:

 # Für uns plant

Architekt, Bauträger:

Liste der am Bau beteiligten Unternehmen

Firma/Gewerk/Anschrift und Tel.:

Woche 1

○ 🛠 Rohbau   ○ 🖌 Innenausbau   ○ 📐 Restarbeiten

In dieser Woche wurden folgende Gewerke begonnen oder erfolgreich fertiggestellt:

In dieser Woche gab es folgende besondere Herausforderungen und/oder Probleme:

In dieser Woche hatten wir fleißige Hilfe von folgenden „Händen" (Familie, Nachbar etc.):

Die Stimmung in dieser Woche war (bitte ankreuzen):

○ 🙂 sehr gut   ○ 😐 geht so   ○ 🙁 nächste Frage

Liegen wir noch in unserer Zeitplanung? (bitte ankreuzen):

○ ✔ ja   ○ ✘ nein

Optionale Verzögerungsdauer in Tagen:

Auf dieser Seite können Sie Fotos vom Bauabschnitt dieser Hausbauwoche einkleben, ein nettes Erlebnis als Text festhalten, ein Anlieferetikett als humorvollen Beitrag einkleben oder auch selbst kreative Skizzen einzeichnen etc.:

Woche 2

Datum:

○ Rohbau   ○ Innenausbau   ○ Restarbeiten

In dieser Woche wurden folgende Gewerke begonnen oder erfolgreich fertiggestellt:

In dieser Woche gab es folgende besondere Herausforderungen und/oder Probleme:

In dieser Woche hatten wir fleißige Hilfe von folgenden „Händen" (Familie, Nachbar etc.):

Die Stimmung in dieser Woche war (bitte ankreuzen):

○ ☺ sehr gut   ○ 😐 geht so   ○ ☹ nächste Frage

Liegen wir noch in unserer Zeitplanung? (bitte ankreuzen):

○ ✔ ja   ○ ✘ nein

Optionale Verzögerungsdauer in Tagen:

Auf dieser Seite können Sie Fotos vom Bauabschnitt dieser Hausbauwoche einkleben, ein nettes Erlebnis als Text festhalten, ein Anlieferetikett als humorvollen Beitrag einkleben oder auch selbst kreative Skizzen einzeichnen etc.:

Woche 3

Datum:

○ 🪚 Rohbau   ○ 🪄 Innenausbau   ○ 🛠 Restarbeiten

In dieser Woche wurden folgende Gewerke begonnen oder erfolgreich fertiggestellt:

In dieser Woche gab es folgende besondere Herausforderungen und/oder Probleme:

In dieser Woche hatten wir fleißige Hilfe von folgenden „Händen" (Familie, Nachbar etc.):

Die Stimmung in dieser Woche war (bitte ankreuzen):

○ 🙂 sehr gut   ○ 😐 geht so   ○ 🙁 nächste Frage

Liegen wir noch in unserer Zeitplanung? (bitte ankreuzen):

○ ✔ ja   ○ ✖ nein

Optionale Verzögerungsdauer in Tagen:

Auf dieser Seite können Sie Fotos vom Bauabschnitt dieser Hausbauwoche einkleben, ein nettes Erlebnis als Text festhalten, ein Anlieferetikett als humorvollen Beitrag einkleben oder auch selbst kreative Skizzen einzeichnen etc.:

Woche 4

Datum:

○ Rohbau   ○ Innenausbau   ○ Restarbeiten

In dieser Woche wurden folgende Gewerke begonnen oder erfolgreich fertiggestellt:

In dieser Woche gab es folgende besondere Herausforderungen und/oder Probleme:

In dieser Woche hatten wir fleißige Hilfe von folgenden „Händen" (Familie, Nachbar etc.):

Die Stimmung in dieser Woche war (bitte ankreuzen):

○ ☺ sehr gut   ○ 😐 geht so   ○ ☹ nächste Frage

Liegen wir noch in unserer Zeitplanung? (bitte ankreuzen):

○ ✔ ja   ○ ✘ nein

Optionale Verzögerungsdauer in Tagen:

24

Auf dieser Seite können Sie Fotos vom Bauabschnitt dieser Hausbauwoche einkleben, ein nettes Erlebnis als Text festhalten, ein Anlieferetikett als humorvollen Beitrag einkleben oder auch selbst kreative Skizzen einzeichnen etc.:

Woche 5

Datum:

○   Rohbau   ○   Innenausbau   ○   Restarbeiten

In dieser Woche wurden folgende Gewerke begonnen oder erfolgreich fertiggestellt:

In dieser Woche gab es folgende besondere Herausforderungen und/oder Probleme:

In dieser Woche hatten wir fleißige Hilfe von folgenden „Händen" (Familie, Nachbar etc.):

Die Stimmung in dieser Woche war (bitte ankreuzen):

○   🙂   sehr gut   ○   😐   geht so   ○   🙁   nächste Frage

Liegen wir noch in unserer Zeitplanung? (bitte ankreuzen):

○   ✔   ja   ○   ✘   nein

Optionale Verzögerungsdauer in Tagen:

Auf dieser Seite können Sie Fotos vom Bauabschnitt dieser Hausbauwoche einkleben, ein nettes Erlebnis als Text festhalten, ein Anlieferetikett als humorvollen Beitrag einkleben oder auch selbst kreative Skizzen einzeichnen etc.:

Woche 6

Datum:

○ Rohbau   ○ Innenausbau   ○ Restarbeiten

In dieser Woche wurden folgende Gewerke begonnen oder erfolgreich fertiggestellt:

In dieser Woche gab es folgende besondere Herausforderungen und/oder Probleme:

In dieser Woche hatten wir fleißige Hilfe von folgenden „Händen" (Familie, Nachbar etc.):

Die Stimmung in dieser Woche war (bitte ankreuzen):

○ ☺ sehr gut   ○ 😐 geht so   ○ ☹ nächste Frage

Liegen wir noch in unserer Zeitplanung? (bitte ankreuzen):

○ ✔ ja   ○ ✘ nein

Optionale Verzögerungsdauer in Tagen:

Auf dieser Seite können Sie Fotos vom Bauabschnitt dieser Hausbauwoche einkleben, ein nettes Erlebnis als Text festhalten, ein Anlieferetikett als humorvollen Beitrag einkleben oder auch selbst kreative Skizzen einzeichnen etc.:

Woche 7

Datum:

○ 🔨 Rohbau   ○ 🖌 Innenausbau   ○ 📐 Restarbeiten

In dieser Woche wurden folgende Gewerke begonnen oder erfolgreich fertiggestellt:

In dieser Woche gab es folgende besondere Herausforderungen und/oder Probleme:

In dieser Woche hatten wir fleißige Hilfe von folgenden „Händen" (Familie, Nachbar etc.):

Die Stimmung in dieser Woche war (bitte ankreuzen):

○ 🙂 sehr gut   ○ 😐 geht so   ○ 🙁 nächste Frage

Liegen wir noch in unserer Zeitplanung? (bitte ankreuzen):

○ ✔ ja   ○ ✖ nein

Optionale Verzögerungsdauer in Tagen:

Auf dieser Seite können Sie Fotos vom Bauabschnitt dieser Hausbauwoche einkleben, ein nettes Erlebnis als Text festhalten, ein Anlieferetikett als humorvollen Beitrag einkleben oder auch selbst kreative Skizzen einzeichnen etc.:

Woche 8

Datum:

○   Rohbau   ○   Innenausbau   ○   Restarbeiten

In dieser Woche wurden folgende Gewerke begonnen oder erfolgreich fertiggestellt:

In dieser Woche gab es folgende besondere Herausforderungen und/oder Probleme:

In dieser Woche hatten wir fleißige Hilfe von folgenden „Händen" (Familie, Nachbar etc.):

Die Stimmung in dieser Woche war (bitte ankreuzen):

○   🙂   sehr gut   ○   😐   geht so   ○   🙁   nächste Frage

Liegen wir noch in unserer Zeitplanung? (bitte ankreuzen):

○   ✔   ja   ○   ✘   nein

Optionale Verzögerungsdauer in Tagen:

Auf dieser Seite können Sie Fotos vom Bauabschnitt dieser Hausbauwoche einkleben, ein nettes Erlebnis als Text festhalten, ein Anlieferetikett als humorvollen Beitrag einkleben oder auch selbst kreative Skizzen einzeichnen etc.:

Woche 9

Datum:

○ Rohbau   ○ Innenausbau   ○ Restarbeiten

In dieser Woche wurden folgende Gewerke begonnen oder erfolgreich fertiggestellt:

In dieser Woche gab es folgende besondere Herausforderungen und/oder Probleme:

In dieser Woche hatten wir fleißige Hilfe von folgenden „Händen" (Familie, Nachbar etc.):

Die Stimmung in dieser Woche war (bitte ankreuzen):

○ ☺ sehr gut   ○ 😐 geht so   ○ ☹ nächste Frage

Liegen wir noch in unserer Zeitplanung? (bitte ankreuzen):

○ ✔ ja   ○ ✘ nein

Optionale Verzögerungsdauer in Tagen:

Auf dieser Seite können Sie Fotos vom Bauabschnitt dieser Hausbauwoche einkleben, ein nettes Erlebnis als Text festhalten, ein Anlieferetikett als humorvollen Beitrag einkleben oder auch selbst kreative Skizzen einzeichnen etc.:

Woche 10

Datum:

○   Rohbau   ○   Innenausbau   ○   Restarbeiten

In dieser Woche wurden folgende Gewerke begonnen oder erfolgreich fertiggestellt:

In dieser Woche gab es folgende besondere Herausforderungen und/oder Probleme:

In dieser Woche hatten wir fleißige Hilfe von folgenden „Händen" (Familie, Nachbar etc.):

Die Stimmung in dieser Woche war (bitte ankreuzen):

○   :)   sehr gut   ○   :| geht so   ○   :(nächste Frage

Liegen wir noch in unserer Zeitplanung? (bitte ankreuzen):

○   ✔   ja   ○   ✖   nein

Optionale Verzögerungsdauer in Tagen:

Auf dieser Seite können Sie Fotos vom Bauabschnitt dieser Hausbauwoche einkleben, ein nettes Erlebnis als Text festhalten, ein Anlieferetikett als humorvollen Beitrag einkleben oder auch selbst kreative Skizzen einzeichnen etc.:

Woche II

Datum:

○ 🧱 Rohbau   ○ 🪣 Innenausbau   ○ ✏️ Restarbeiten

In dieser Woche wurden folgende Gewerke begonnen oder erfolgreich fertiggestellt:

In dieser Woche gab es folgende besondere Herausforderungen und/oder Probleme:

In dieser Woche hatten wir fleißige Hilfe von folgenden „Händen" (Familie, Nachbar etc.):

Die Stimmung in dieser Woche war (bitte ankreuzen):

○ 🙂 sehr gut   ○ 😐 geht so   ○ ☹️ nächste Frage

Liegen wir noch in unserer Zeitplanung? (bitte ankreuzen):

○ ✔ ja   ○ ✖ nein

Optionale Verzögerungsdauer in Tagen:

Auf dieser Seite können Sie Fotos vom Bauabschnitt dieser Hausbauwoche einkleben, ein nettes Erlebnis als Text festhalten, ein Anlieferetikett als humorvollen Beitrag einkleben oder auch selbst kreative Skizzen einzeichnen etc.:

Woche 12

○   Rohbau   ○   Innenausbau   ○   Restarbeiten

In dieser Woche wurden folgende Gewerke begonnen oder erfolgreich fertiggestellt:

In dieser Woche gab es folgende besondere Herausforderungen und/oder Probleme:

In dieser Woche hatten wir fleißige Hilfe von folgenden „Händen" (Familie, Nachbar etc.):

Die Stimmung in dieser Woche war (bitte ankreuzen):

○   ☺   sehr gut   ○   😐   geht so   ○   ☹   nächste Frage

Liegen wir noch in unserer Zeitplanung? (bitte ankreuzen):

○   ✔   ja   ○   ✘   nein

Optionale Verzögerungsdauer in Tagen:

Auf dieser Seite können Sie Fotos vom Bauabschnitt dieser Hausbauwoche einkleben, ein nettes Erlebnis als Text festhalten, ein Anlieferetikett als humorvollen Beitrag einkleben oder auch selbst kreative Skizzen einzeichnen etc.:

Woche 13

Datum:

○ Rohbau   ○ Innenausbau   ○ Restarbeiten

In dieser Woche wurden folgende Gewerke begonnen oder erfolgreich fertiggestellt:

In dieser Woche gab es folgende besondere Herausforderungen und/oder Probleme:

In dieser Woche hatten wir fleißige Hilfe von folgenden „Händen" (Familie, Nachbar etc.):

Die Stimmung in dieser Woche war (bitte ankreuzen):

○ 🙂 sehr gut   ○ 😐 geht so   ○ 🙁 nächste Frage

Liegen wir noch in unserer Zeitplanung? (bitte ankreuzen):

○ ✔ ja   ○ ✖ nein

Optionale Verzögerungsdauer in Tagen:

Auf dieser Seite können Sie Fotos vom Bauabschnitt dieser Hausbauwoche einkleben, ein nettes Erlebnis als Text festhalten, ein Anlieferetikett als humorvollen Beitrag einkleben oder auch selbst kreative Skizzen einzeichnen etc.:

Woche 14

Datum:

○ Rohbau   ○ Innenausbau   ○ Restarbeiten

In dieser Woche wurden folgende Gewerke begonnen oder erfolgreich fertiggestellt:

In dieser Woche gab es folgende besondere Herausforderungen und/oder Probleme:

In dieser Woche hatten wir fleißige Hilfe von folgenden „Händen" (Familie, Nachbar etc.):

Die Stimmung in dieser Woche war (bitte ankreuzen):

○ ☺ sehr gut   ○ 😐 geht so   ○ ☹ nächste Frage

Liegen wir noch in unserer Zeitplanung? (bitte ankreuzen):

○ ✔ ja   ○ ✘ nein

Optionale Verzögerungsdauer in Tagen:

Auf dieser Seite können Sie Fotos vom Bauabschnitt dieser Hausbauwoche einkleben, ein nettes Erlebnis als Text festhalten, ein Anlieferetikett als humorvollen Beitrag einkleben oder auch selbst kreative Skizzen einzeichnen etc.:

Woche 15

Datum:

○   Rohbau   ○   Innenausbau   ○   Restarbeiten

In dieser Woche wurden folgende Gewerke begonnen oder erfolgreich fertiggestellt:

In dieser Woche gab es folgende besondere Herausforderungen und/oder Probleme:

In dieser Woche hatten wir fleißige Hilfe von folgenden „Händen" (Familie, Nachbar etc.):

Die Stimmung in dieser Woche war (bitte ankreuzen):

○   🙂   sehr gut   ○   😐   geht so   ○   ☹️   nächste Frage

Liegen wir noch in unserer Zeitplanung? (bitte ankreuzen):

○   ✔   ja   ○   ✖   nein

Optionale Verzögerungsdauer in Tagen:

46

Auf dieser Seite können Sie Fotos vom Bauabschnitt dieser Hausbauwoche einkleben, ein nettes Erlebnis als Text festhalten, ein Anlieferetikett als humorvollen Beitrag einkleben oder auch selbst kreative Skizzen einzeichnen etc.:

Woche 16

Datum:

○ 🔨 Rohbau   ○ 🖌 Innenausbau   ○ 📐 Restarbeiten

In dieser Woche wurden folgende Gewerke begonnen oder erfolgreich fertiggestellt:

In dieser Woche gab es folgende besondere Herausforderungen und/oder Probleme:

In dieser Woche hatten wir fleißige Hilfe von folgenden „Händen" (Familie, Nachbar etc.):

Die Stimmung in dieser Woche war (bitte ankreuzen):

○ 🙂 sehr gut   ○ 😐 geht so   ○ 🙁 nächste Frage

Liegen wir noch in unserer Zeitplanung? (bitte ankreuzen):

○ ✔ ja   ○ ✘ nein

Optionale Verzögerungsdauer in Tagen:

Auf dieser Seite können Sie Fotos vom Bauabschnitt dieser Hausbauwoche einkleben, ein nettes Erlebnis als Text festhalten, ein Anlieferetikett als humorvollen Beitrag einkleben oder auch selbst kreative Skizzen einzeichnen etc.:

Woche 17

Datum:

○ Rohbau   ○ Innenausbau   ○ Restarbeiten

In dieser Woche wurden folgende Gewerke begonnen oder erfolgreich fertiggestellt:

In dieser Woche gab es folgende besondere Herausforderungen und/oder Probleme:

In dieser Woche hatten wir fleißige Hilfe von folgenden „Händen" (Familie, Nachbar etc.):

Die Stimmung in dieser Woche war (bitte ankreuzen):

○ 🙂 sehr gut   ○ 😐 geht so   ○ 🙁 nächste Frage

Liegen wir noch in unserer Zeitplanung? (bitte ankreuzen):

○ ✔ ja   ○ ✘ nein

Optionale Verzögerungsdauer in Tagen:

Auf dieser Seite können Sie Fotos vom Bauabschnitt dieser Hausbauwoche einkleben, ein nettes Erlebnis als Text festhalten, ein Anlieferetikett als humorvollen Beitrag einkleben oder auch selbst kreative Skizzen einzeichnen etc.:

Woche 18

Datum:

○   Rohbau   ○   Innenausbau   ○   Restarbeiten

In dieser Woche wurden folgende Gewerke begonnen oder erfolgreich fertiggestellt:

In dieser Woche gab es folgende besondere Herausforderungen und/oder Probleme:

In dieser Woche hatten wir fleißige Hilfe von folgenden „Händen" (Familie, Nachbar etc.):

Die Stimmung in dieser Woche war (bitte ankreuzen):

○   ☺   sehr gut   ○   😐   geht so   ○   ☹   nächste Frage

Liegen wir noch in unserer Zeitplanung? (bitte ankreuzen):

○   ✔   ja   ○   ✘   nein

Optionale Verzögerungsdauer in Tagen:

Auf dieser Seite können Sie Fotos vom Bauabschnitt dieser Hausbauwoche einkleben, ein nettes Erlebnis als Text festhalten, ein Anlieferetikett als humorvollen Beitrag einkleben oder auch selbst kreative Skizzen einzeichnen etc.:

Woche 19

Datum:

○ Rohbau   ○ Innenausbau   ○ Restarbeiten

In dieser Woche wurden folgende Gewerke begonnen oder erfolgreich fertiggestellt:

In dieser Woche gab es folgende besondere Herausforderungen und/oder Probleme:

In dieser Woche hatten wir fleißige Hilfe von folgenden „Händen" (Familie, Nachbar etc.):

Die Stimmung in dieser Woche war (bitte ankreuzen):

○ 😊 sehr gut   ○ 😐 geht so   ○ ☹ nächste Frage

Liegen wir noch in unserer Zeitplanung? (bitte ankreuzen):

○ ✔ ja   ○ ✖ nein

Optionale Verzögerungsdauer in Tagen:

54

Auf dieser Seite können Sie Fotos vom Bauabschnitt dieser Hausbauwoche einkleben, ein nettes Erlebnis als Text festhalten, ein Anlieferetikett als humorvollen Beitrag einkleben oder auch selbst kreative Skizzen einzeichnen etc.:

Woche 20

○ Rohbau   ○ Innenausbau   ○ Restarbeiten

In dieser Woche wurden folgende Gewerke begonnen oder erfolgreich fertiggestellt:

In dieser Woche gab es folgende besondere Herausforderungen und/oder Probleme:

In dieser Woche hatten wir fleißige Hilfe von folgenden „Händen" (Familie, Nachbar etc.):

Die Stimmung in dieser Woche war (bitte ankreuzen):

○ ☺ sehr gut   ○ 😐 geht so   ○ ☹ nächste Frage

Liegen wir noch in unserer Zeitplanung? (bitte ankreuzen):

○ ✔ ja   ○ ✘ nein

Optionale Verzögerungsdauer in Tagen:

Auf dieser Seite können Sie Fotos vom Bauabschnitt dieser Hausbauwoche einkleben, ein nettes Erlebnis als Text festhalten, ein Anlieferetikett als humorvollen Beitrag einkleben oder auch selbst kreative Skizzen einzeichnen etc.:

Woche 21

Datum:

○ 🧱 Rohbau   ○ 🛢 Innenausbau   ○ ✏️ Restarbeiten

In dieser Woche wurden folgende Gewerke begonnen oder erfolgreich fertiggestellt:

In dieser Woche gab es folgende besondere Herausforderungen und/oder Probleme:

In dieser Woche hatten wir fleißige Hilfe von folgenden „Händen" (Familie, Nachbar etc.):

Die Stimmung in dieser Woche war (bitte ankreuzen):

○ 🙂 sehr gut   ○ 😐 geht so   ○ 🙁 nächste Frage

Liegen wir noch in unserer Zeitplanung? (bitte ankreuzen):

○ ✔️ ja   ○ ✖️ nein

Optionale Verzögerungsdauer in Tagen:

Auf dieser Seite können Sie Fotos vom Bauabschnitt dieser Hausbauwoche einkleben, ein nettes Erlebnis als Text festhalten, ein Anlieferetikett als humorvollen Beitrag einkleben oder auch selbst kreative Skizzen einzeichnen etc.:

Woche 22

Datum:

○ 🔨 Rohbau   ○ 🎨 Innenausbau   ○ 🔧 Restarbeiten

In dieser Woche wurden folgende Gewerke begonnen oder erfolgreich fertiggestellt:

In dieser Woche gab es folgende besondere Herausforderungen und/oder Probleme:

In dieser Woche hatten wir fleißige Hilfe von folgenden „Händen" (Familie, Nachbar etc.):

Die Stimmung in dieser Woche war (bitte ankreuzen):

○ 🙂 sehr gut   ○ 😐 geht so   ○ 🙁 nächste Frage

Liegen wir noch in unserer Zeitplanung? (bitte ankreuzen):

○ ✔ ja   ○ ✖ nein

Optionale Verzögerungsdauer in Tagen:

60

Auf dieser Seite können Sie Fotos vom Bauabschnitt dieser Hausbauwoche einkleben, ein nettes Erlebnis als Text festhalten, ein Anlieferetikett als humorvollen Beitrag einkleben oder auch selbst kreative Skizzen einzeichnen etc.:

Woche 23

○ 🛠 Rohbau   ○ 🪣 Innenausbau   ○ ✏ Restarbeiten

In dieser Woche wurden folgende Gewerke begonnen oder erfolgreich fertiggestellt:

In dieser Woche gab es folgende besondere Herausforderungen und/oder Probleme:

In dieser Woche hatten wir fleißige Hilfe von folgenden „Händen" (Familie, Nachbar etc.):

Die Stimmung in dieser Woche war (bitte ankreuzen):

○ 🙂 sehr gut   ○ 😐 geht so   ○ 🙁 nächste Frage

Liegen wir noch in unserer Zeitplanung? (bitte ankreuzen):

○ ✔ ja   ○ ✘ nein

Optionale Verzögerungsdauer in Tagen:

Auf dieser Seite können Sie Fotos vom Bauabschnitt dieser Hausbauwoche einkleben, ein nettes Erlebnis als Text festhalten, ein Anlieferetikett als humorvollen Beitrag einkleben oder auch selbst kreative Skizzen einzeichnen etc.:

Woche 24

Datum:

○   Rohbau   ○   Innenausbau   ○   Restarbeiten

In dieser Woche wurden folgende Gewerke begonnen oder erfolgreich fertiggestellt:

In dieser Woche gab es folgende besondere Herausforderungen und/oder Probleme:

In dieser Woche hatten wir fleißige Hilfe von folgenden „Händen" (Familie, Nachbar etc.):

Die Stimmung in dieser Woche war (bitte ankreuzen):

○   ☺   sehr gut   ○   😐   geht so   ○   ☹   nächste Frage

Liegen wir noch in unserer Zeitplanung? (bitte ankreuzen):

○   ✔   ja   ○   ✘   nein

Optionale Verzögerungsdauer in Tagen:

Auf dieser Seite können Sie Fotos vom Bauabschnitt dieser Hausbauwoche einkleben, ein nettes Erlebnis als Text festhalten, ein Anlieferetikett als humorvollen Beitrag einkleben oder auch selbst kreative Skizzen einzeichnen etc.:

Woche 25

Datum:

○ Rohbau ○ Innenausbau ○ Restarbeiten

In dieser Woche wurden folgende Gewerke begonnen oder erfolgreich fertiggestellt:

In dieser Woche gab es folgende besondere Herausforderungen und/oder Probleme:

In dieser Woche hatten wir fleißige Hilfe von folgenden „Händen" (Familie, Nachbar etc.):

Die Stimmung in dieser Woche war (bitte ankreuzen):

○ 🙂 sehr gut ○ 😐 geht so ○ 🙁 nächste Frage

Liegen wir noch in unserer Zeitplanung? (bitte ankreuzen):

○ ✔ ja ○ ✘ nein

Optionale Verzögerungsdauer in Tagen:

Auf dieser Seite können Sie Fotos vom Bauabschnitt dieser Hausbauwoche einkleben, ein nettes Erlebnis als Text festhalten, ein Anlieferetikett als humorvollen Beitrag einkleben oder auch selbst kreative Skizzen einzeichnen etc.:

Woche 26

Datum:

○ Rohbau ○ Innenausbau ○ Restarbeiten

In dieser Woche wurden folgende Gewerke begonnen oder erfolgreich fertiggestellt:

In dieser Woche gab es folgende besondere Herausforderungen und/oder Probleme:

In dieser Woche hatten wir fleißige Hilfe von folgenden „Händen" (Familie, Nachbar etc.):

Die Stimmung in dieser Woche war (bitte ankreuzen):

○ ☺ sehr gut ○ 😐 geht so ○ ☹ nächste Frage

Liegen wir noch in unserer Zeitplanung? (bitte ankreuzen):

○ ✔ ja ○ ✘ nein

Optionale Verzögerungsdauer in Tagen:

Auf dieser Seite können Sie Fotos vom Bauabschnitt dieser Hausbauwoche einkleben, ein nettes Erlebnis als Text festhalten, ein Anlieferetikett als humorvollen Beitrag einkleben oder auch selbst kreative Skizzen einzeichnen etc.:

Woche 27

Datum:

○ Rohbau   ○ Innenausbau   ○ Restarbeiten

In dieser Woche wurden folgende Gewerke begonnen oder erfolgreich fertiggestellt:

In dieser Woche gab es folgende besondere Herausforderungen und/oder Probleme:

In dieser Woche hatten wir fleißige Hilfe von folgenden „Händen" (Familie, Nachbar etc.):

Die Stimmung in dieser Woche war (bitte ankreuzen):

○ 🙂 sehr gut   ○ 😐 geht so   ○ 🙁 nächste Frage

Liegen wir noch in unserer Zeitplanung? (bitte ankreuzen):

○ ✔ ja   ○ ✘ nein

Optionale Verzögerungsdauer in Tagen:

Auf dieser Seite können Sie Fotos vom Bauabschnitt dieser Hausbauwoche einkleben, ein nettes Erlebnis als Text festhalten, ein Anlieferetikett als humorvollen Beitrag einkleben oder auch selbst kreative Skizzen einzeichnen etc.:

Woche 28

Datum:

○ 🔲 Rohbau   ○ 🔲 Innenausbau   ○ 🔲 Restarbeiten

In dieser Woche wurden folgende Gewerke begonnen oder erfolgreich fertiggestellt:

In dieser Woche gab es folgende besondere Herausforderungen und/oder Probleme:

In dieser Woche hatten wir fleißige Hilfe von folgenden „Händen" (Familie, Nachbar etc.):

Die Stimmung in dieser Woche war (bitte ankreuzen):

○ 🙂 sehr gut   ○ 😐 geht so   ○ 🙁 nächste Frage

Liegen wir noch in unserer Zeitplanung? (bitte ankreuzen):

○ ✔ ja   ○ ✖ nein

Optionale Verzögerungsdauer in Tagen:

72

Auf dieser Seite können Sie Fotos vom Bauabschnitt dieser Hausbauwoche einkleben, ein nettes Erlebnis als Text festhalten, ein Anlieferetikett als humorvollen Beitrag einkleben oder auch selbst kreative Skizzen einzeichnen etc.:

Woche 29

Datum:

○ Rohbau   ○ Innenausbau   ○ Restarbeiten

In dieser Woche wurden folgende Gewerke begonnen oder erfolgreich fertiggestellt:

In dieser Woche gab es folgende besondere Herausforderungen und/oder Probleme:

In dieser Woche hatten wir fleißige Hilfe von folgenden „Händen" (Familie, Nachbar etc.):

Die Stimmung in dieser Woche war (bitte ankreuzen):

○ ☺ sehr gut   ○ 😐 geht so   ○ ☹ nächste Frage

Liegen wir noch in unserer Zeitplanung? (bitte ankreuzen):

○ ✔ ja   ○ ✘ nein

Optionale Verzögerungsdauer in Tagen:

74

Auf dieser Seite können Sie Fotos vom Bauabschnitt dieser Hausbauwoche einkleben, ein nettes Erlebnis als Text festhalten, ein Anlieferetikett als humorvollen Beitrag einkleben oder auch selbst kreative Skizzen einzeichnen etc.:

Woche 30

Datum:

○ Rohbau   ○ Innenausbau   ○ Restarbeiten

In dieser Woche wurden folgende Gewerke begonnen oder erfolgreich fertiggestellt:

In dieser Woche gab es folgende besondere Herausforderungen und/oder Probleme:

In dieser Woche hatten wir fleißige Hilfe von folgenden „Händen" (Familie, Nachbar etc.):

Die Stimmung in dieser Woche war (bitte ankreuzen):

○ ☺ sehr gut   ○ 😐 geht so   ○ ☹ nächste Frage

Liegen wir noch in unserer Zeitplanung? (bitte ankreuzen):

○ ✔ ja   ○ ✖ nein

Optionale Verzögerungsdauer in Tagen:

76

Auf dieser Seite können Sie Fotos vom Bauabschnitt dieser Hausbauwoche einkleben, ein nettes Erlebnis als Text festhalten, ein Anlieferetikett als humorvollen Beitrag einkleben oder auch selbst kreative Skizzen einzeichnen etc.:

Woche 31

Datum:

○ Rohbau   ○ Innenausbau   ○ Restarbeiten

In dieser Woche wurden folgende Gewerke begonnen oder erfolgreich fertiggestellt:

In dieser Woche gab es folgende besondere Herausforderungen und/oder Probleme:

In dieser Woche hatten wir fleißige Hilfe von folgenden „Händen" (Familie, Nachbar etc.):

Die Stimmung in dieser Woche war (bitte ankreuzen):

○ 😊 sehr gut   ○ 😐 geht so   ○ ☹️ nächste Frage

Liegen wir noch in unserer Zeitplanung? (bitte ankreuzen):

○ ✔ ja   ○ ✖ nein

Optionale Verzögerungsdauer in Tagen:

Auf dieser Seite können Sie Fotos vom Bauabschnitt dieser Hausbauwoche einkleben, ein nettes Erlebnis als Text festhalten, ein Anlieferetikett als humorvollen Beitrag einkleben oder auch selbst kreative Skizzen einzeichnen etc.:

Woche 32

Datum:

○ Rohbau   ○ Innenausbau   ○ Restarbeiten

In dieser Woche wurden folgende Gewerke begonnen oder erfolgreich fertiggestellt:

In dieser Woche gab es folgende besondere Herausforderungen und/oder Probleme:

In dieser Woche hatten wir fleißige Hilfe von folgenden „Händen" (Familie, Nachbar etc.):

Die Stimmung in dieser Woche war (bitte ankreuzen):

○ ☺ sehr gut   ○ 😐 geht so   ○ ☹ nächste Frage

Liegen wir noch in unserer Zeitplanung? (bitte ankreuzen):

○ ✔ ja   ○ ✘ nein

Optionale Verzögerungsdauer in Tagen:

Auf dieser Seite können Sie Fotos vom Bauabschnitt dieser Hausbauwoche einkleben, ein nettes Erlebnis als Text festhalten, ein Anlieferetikett als humorvollen Beitrag einkleben oder auch selbst kreative Skizzen einzeichnen etc.:

Woche 33

Datum:

○ 🔨 Rohbau   ○ 🪒 Innenausbau   ○ ✏️ Restarbeiten

In dieser Woche wurden folgende Gewerke begonnen oder erfolgreich fertiggestellt:

In dieser Woche gab es folgende besondere Herausforderungen und/oder Probleme:

In dieser Woche hatten wir fleißige Hilfe von folgenden „Händen" (Familie, Nachbar etc.):

Die Stimmung in dieser Woche war (bitte ankreuzen):

○ 🙂 sehr gut   ○ 😐 geht so   ○ 🙁 nächste Frage

Liegen wir noch in unserer Zeitplanung? (bitte ankreuzen):

○ ✔ ja   ○ ✘ nein

Optionale Verzögerungsdauer in Tagen:

Auf dieser Seite können Sie Fotos vom Bauabschnitt dieser Hausbauwoche einkleben, ein nettes Erlebnis als Text festhalten, ein Anlieferetikett als humorvollen Beitrag einkleben oder auch selbst kreative Skizzen einzeichnen etc.:

Woche 34

○ Rohbau   ○ Innenausbau   ○ Restarbeiten

In dieser Woche wurden folgende Gewerke begonnen oder erfolgreich fertiggestellt:

In dieser Woche gab es folgende besondere Herausforderungen und/oder Probleme:

In dieser Woche hatten wir fleißige Hilfe von folgenden „Händen" (Familie, Nachbar etc.):

Die Stimmung in dieser Woche war (bitte ankreuzen):

○ ☺ sehr gut   ○ 😐 geht so   ○ ☹ nächste Frage

Liegen wir noch in unserer Zeitplanung? (bitte ankreuzen):

○ ✔ ja   ○ ✘ nein

Optionale Verzögerungsdauer in Tagen:

Auf dieser Seite können Sie Fotos vom Bauabschnitt dieser Hausbauwoche einkleben, ein nettes Erlebnis als Text festhalten, ein Anlieferetikett als humorvollen Beitrag einkleben oder auch selbst kreative Skizzen einzeichnen etc.:

Woche 35

Datum:

○ 🧱 Rohbau   ○ 🪣 Innenausbau   ○ ✏️ Restarbeiten

In dieser Woche wurden folgende Gewerke begonnen oder erfolgreich fertiggestellt:

In dieser Woche gab es folgende besondere Herausforderungen und/oder Probleme:

In dieser Woche hatten wir fleißige Hilfe von folgenden „Händen" (Familie, Nachbar etc.):

Die Stimmung in dieser Woche war (bitte ankreuzen):

○ 🙂 sehr gut   ○ 😐 geht so   ○ 🙁 nächste Frage

Liegen wir noch in unserer Zeitplanung? (bitte ankreuzen):

○ ✔️ ja   ○ ✖️ nein

Optionale Verzögerungsdauer in Tagen:

Auf dieser Seite können Sie Fotos vom Bauabschnitt dieser Hausbauwoche einkleben, ein nettes Erlebnis als Text festhalten, ein Anlieferetikett als humorvollen Beitrag einkleben oder auch selbst kreative Skizzen einzeichnen etc.:

Woche 36

Datum:

○ Rohbau   ○ Innenausbau   ○ Restarbeiten

In dieser Woche wurden folgende Gewerke begonnen oder erfolgreich fertiggestellt:

In dieser Woche gab es folgende besondere Herausforderungen und/oder Probleme:

In dieser Woche hatten wir fleißige Hilfe von folgenden „Händen" (Familie, Nachbar etc.):

Die Stimmung in dieser Woche war (bitte ankreuzen):

○ 🙂 sehr gut   ○ 😐 geht so   ○ 🙁 nächste Frage

Liegen wir noch in unserer Zeitplanung? (bitte ankreuzen):

○ ✔ ja   ○ ✖ nein

Optionale Verzögerungsdauer in Tagen:

Auf dieser Seite können Sie Fotos vom Bauabschnitt dieser Hausbauwoche einkleben, ein nettes Erlebnis als Text festhalten, ein Anlieferetikett als humorvollen Beitrag einkleben oder auch selbst kreative Skizzen einzeichnen etc.:

Woche 37

Datum:

○ 🔨 Rohbau   ○ 🧹 Innenausbau   ○ ✏️ Restarbeiten

In dieser Woche wurden folgende Gewerke begonnen oder erfolgreich fertiggestellt:

In dieser Woche gab es folgende besondere Herausforderungen und/oder Probleme:

In dieser Woche hatten wir fleißige Hilfe von folgenden „Händen" (Familie, Nachbar etc.):

Die Stimmung in dieser Woche war (bitte ankreuzen):

○ 🙂 sehr gut   ○ 😐 geht so   ○ ☹️ nächste Frage

Liegen wir noch in unserer Zeitplanung? (bitte ankreuzen):

○ ✔ ja   ○ ✘ nein

Optionale Verzögerungsdauer in Tagen:

90

Auf dieser Seite können Sie Fotos vom Bauabschnitt dieser Hausbauwoche einkleben, ein nettes Erlebnis als Text festhalten, ein Anlieferetikett als humorvollen Beitrag einkleben oder auch selbst kreative Skizzen einzeichnen etc.:

Woche 38

Datum:

○   Rohbau   ○   Innenausbau   ○   Restarbeiten

In dieser Woche wurden folgende Gewerke begonnen oder erfolgreich fertiggestellt:

In dieser Woche gab es folgende besondere Herausforderungen und/oder Probleme:

In dieser Woche hatten wir fleißige Hilfe von folgenden „Händen" (Familie, Nachbar etc.):

Die Stimmung in dieser Woche war (bitte ankreuzen):

○   ☺   sehr gut   ○   😐   geht so   ○   ☹   nächste Frage

Liegen wir noch in unserer Zeitplanung? (bitte ankreuzen):

○   ✔   ja   ○   ✘   nein

Optionale Verzögerungsdauer in Tagen:

Auf dieser Seite können Sie Fotos vom Bauabschnitt dieser Hausbauwoche einkleben, ein nettes Erlebnis als Text festhalten, ein Anlieferetikett als humorvollen Beitrag einkleben oder auch selbst kreative Skizzen einzeichnen etc.:

Woche 39

Datum:

○ Rohbau   ○ Innenausbau   ○ Restarbeiten

In dieser Woche wurden folgende Gewerke begonnen oder erfolgreich fertiggestellt:

In dieser Woche gab es folgende besondere Herausforderungen und/oder Probleme:

In dieser Woche hatten wir fleißige Hilfe von folgenden „Händen" (Familie, Nachbar etc.):

Die Stimmung in dieser Woche war (bitte ankreuzen):

○ ☺ sehr gut   ○ 😐 geht so   ○ ☹ nächste Frage

Liegen wir noch in unserer Zeitplanung? (bitte ankreuzen):

○ ✔ ja   ○ ✘ nein

Optionale Verzögerungsdauer in Tagen:

Auf dieser Seite können Sie Fotos vom Bauabschnitt dieser Hausbauwoche einkleben, ein nettes Erlebnis als Text festhalten, ein Anlieferetikett als humorvollen Beitrag einkleben oder auch selbst kreative Skizzen einzeichnen etc.:

Woche 40

Datum:

○ 🔨 Rohbau   ○ 🖌 Innenausbau   ○ 🔧 Restarbeiten

In dieser Woche wurden folgende Gewerke begonnen oder erfolgreich fertiggestellt:

In dieser Woche gab es folgende besondere Herausforderungen und/oder Probleme:

In dieser Woche hatten wir fleißige Hilfe von folgenden „Händen" (Familie, Nachbar etc.):

Die Stimmung in dieser Woche war (bitte ankreuzen):

○ 🙂 sehr gut   ○ 😐 geht so   ○ 🙁 nächste Frage

Liegen wir noch in unserer Zeitplanung? (bitte ankreuzen):

○ ✔ ja   ○ ✖ nein

Optionale Verzögerungsdauer in Tagen:

Auf dieser Seite können Sie Fotos vom Bauabschnitt dieser Hausbauwoche einkleben, ein nettes Erlebnis als Text festhalten, ein Anlieferetikett als humorvollen Beitrag einkleben oder auch selbst kreative Skizzen einzeichnen etc.:

Richtfest

Datum:

 Richtfest

 Richtfest

 Richtfest

Prüfungen / Abnahme

Die Rohbauabnahme erfolgte am:

◯ 🙂 mängelfrei ◯ 🙁 mit folgenden Mängeln:

Die abschließende Fertigstellung erfolgte am:

◯ 🙂 mängelfrei ◯ 🙁 mit folgenden Mängeln:

Prüfungen / Abnahme

Die Dichtheitsprüfung erfolgte am:

○ ☺ dicht   ○ ☹ nicht dicht

Der Blower-Door-Test erfolgte am:

mit einem Wert von:

Die Endabnahme mit dem Architekten/Bauträger erfolgte am:

○ ☺ mängelfrei   ○ ☹ mit folgenden Mängeln:

 # Resümee

Unser Einzug erfolgte am:

Die tatsächlichen Baukosten beliefen sich auf:

Unser Zeitplan wurde:

○ ☺ eingehalten   ○ ☹ um   Tage
                                                                      überschritten

 # Das fertige Haus

 # Das fertige Haus

 # Das fertige Haus